आरोहण

ह्रस्व से दीर्घ की यात्रा ...

सुनन्दा शैली पॉल

BookLeaf Publishing
India | USA | UK

Made with ❤ on the BookLeaf Publishing Platform
www.bookleafpub.in
www.bookleafpub.com

Dedication

समर्पण

मेरे श्रीनिधि और श्रीवर्धन |

Preface

प्रस्तावना

यह पुस्तक, **“आरोहण – ‘ह्रस्व’ से ‘दीर्घ’ की यात्रा”**, मेरे मन की गहन अनुभूतियों, ऊर्जा के प्रवाह और चेतना की अनंत यात्रा का प्रतिबिंब है। मैंने इसे लिखने का उद्देश्य सिर्फ शब्दों का संकलन नहीं है। यह एक मार्गदर्शिका प्रस्तुत करती है, एक ऐसा मार्ग जहाँ पाठक अपने भीतर की ऊर्जा को समझ सके, उसकी यात्रा को महसूस कर सके और जीवन के सूक्ष्म रहस्यों से परिचित हो सके।

इस यात्रा की शुरुआत होती है **मूलाधार** से, जो पृथ्वी तत्व से जुड़ा होता है | यह स्थिरता, आधार और सुरक्षा का प्रतीक है। यहाँ से उठती है कुंडलिनी, निचली चेतना से ऊपर की ओर प्रवाहित होती हुई। जैसे-जैसे ऊर्जा आगे बढ़ती है, वह हमें **स्वाधिष्ठान** की ओर ले जाती है। यह जल तत्व, सृजनशीलता, भावनाएँ, इच्छाएँ और जीवन के रस का अनुभव कराता है। यह यात्रा हमें अपने भीतर की गहराई, संवेदनशीलता, और सहज प्रवाह की अनुभूति कराती है।

फिर अगला पड़ाव आता है **मणिपुर** में। यह सूर्य तत्व, पुरुष ऊर्जा, शक्ति, आत्मविश्वास और संकल्प का केंद्र है। यह वह पहला चरण है जहाँ हमारी जागरूक क्रिया शुरू होती है। यह हमें स्वयं को पहचानने, अपनी शक्ति को अपनाने और सशक्त बनाने की प्रक्रिया से परिचित कराता है।
जैसे-जैसे ऊर्जा ऊपर बढ़ती है, उसे **अनाहत (हृदय) चक्र** की आवश्यकता होती है। यह वायु तत्व है और प्रेम, करुणा, सामंजस्य

और भावनाओं का केंद्र है। यह वह चरण है जहाँ ऊर्जा प्रेम और अपनत्व के साथ जुड़ती है। वह शुद्ध और उदार हो जाती है, बिना किसी बंधन के।

इसके बाद आता है **विषुद्ध** जो कंठ में स्थित होता है | यह आकाश तत्व है और आत्म-अभिव्यक्ति का केंद्र है। यह वह स्थान है जहाँ ऊर्जा को अपनी आवाज़ मिलती है। यह अपनी पहचान और स्पष्टता प्राप्त करती है। यहाँ से शुरू होती है ह्रस्व की अनुभूति। यह पहली पहचान और पहला संतोष है।

फिर यात्रा आगे बढ़ती है **आज्ञा चक्र** की ओर, जो दोनों भौंहों के मध्य स्थित है| यह प्रणव (**ओ३म्**) का मध्य भाग, अर्थात अर्ध-मात्रा (**३**) का केंद्र है, जो चेतना और ऊर्जा का मुख्य बिंदु है। यात्रा का यह वह क्षण है जब आत्मा के विचार, सृजन, संरक्षण और सत्य का अनुभव गहन रूप से होता है। यह आधी मात्रा ही वह सतत ऊर्जा का प्रवाह है जो ह्रस्व और दीर्घ चेतना को जोड़ती है।

अंततः यह यात्रा **सहस्रार** में पहुँचती है। यहाँ ऊर्जा दीर्घ रूप में विस्तारित होती है। यह चेतना उपचेतन मन को स्पर्श करती है और ब्रह्मांडीय ऊर्जा के साथ विलय करती है। ह्रस्व से दीर्घ की यह यात्रा अब भौतिक से पार होकर आकाशीय और आध्यात्मिक स्तर पर पहुँचती है।

सहस्रार वह बिंदु है जहाँ शब्द और ध्वनि, ह्रस्व से दीर्घ और फिर विसर्ग में परिवर्तित होती है। यह एक अन्तरापृष्ठ है, जहाँ भौतिक और आकाशीय मिलते हैं। यहाँ ऊर्जा का परिष्कार होता है, आत्मा शुद्ध होती है, और चेतना का विस्तार ब्रह्मांडीय अनुभव में बदल जाता है।

यह यात्रा ज्ञान, एकता, आत्म-साक्षात्कार, आनंद, दिव्य चेतना और परम चेतना की ओर ले जाती है।

इस पुस्तक में मैंने कविताओं के माध्यम से, प्रत्येक चक्र, प्रत्येक द्वार और प्रत्येक ऊर्जा प्रवाह को समझाने का प्रयास किया है। जीवन केवल सांस लेने या अस्तित्व में रहने का नाम नहीं है। यह अपनी ऊर्जा और चेतना की आरोहण यात्रा का अनुभव लेने का नाम भी है।

मैं उन सभी गुरुजनों, अनुभवों और आत्म-जागरण के मार्गदर्शकों का आभार व्यक्त करती हूँ, जिनसे यह यात्रा संभव हुई। मेरी यह आशा है कि पाठक इस पुस्तक के माध्यम से अपनी भीतरी ऊर्जा की यात्रा को समझें, उसे अनुभव करें और उसकी अंतहीन संभावनाओं से परिचित हों।

“ह्रस्व से दीर्घ तक का यह आरोहण केवल ऊँचाई तक नहीं है, यह भीतर के अनंत की ओर एक यात्रा है।”

— सुनन्दा

Acknowledgements

आभार

सर्वप्रथम मैं महामाया, महाविद्या देवी सरस्वती को अपने आद्र नयन लिए, श्रद्धांजलि अर्पित करती हूँ, जिन्होंने मेरी लेखनी में विराजमान होकर इस सोच की नींव डाली। मैं स्वयं नहीं जानती कि उन्होंने कब, कैसे अपनी भाषा में मुझसे संवाद किया और मैं लिखती गई, पर उनकी कृपा में ही मेरी कविताएँ रची गईं।

मेरे माँ-बाबा, जिनके बिना मैं अध्यात्म और आंतरिक अनुभूति के इस साक्षात्कार तक नहीं पहुँच सकती थी। जब मैं लिखती थी, वे मेरे दोनों संतानों का पालन-पोषण करते हुए मेरे लिए अवसर और शांति बनाते थे। मेरे पास शब्द नहीं हैं कि मैं उनका आभार किसी रूप में प्रकट कर सकूँ। मेरा साष्टांग दंडवत मेरे प्रतिबद्ध और अद्भुत अभिभावकों के लिए।

मैंने यह भी सोचा था कि यदि जीवन में कोई गुरु मेरे मार्ग में आएँ, तो उनके नाम से यह आभार शुरू करूँगी। पर नियति ने अभी तक ऐसा अवसर नहीं दिया। अब मुझे लगता है कि शायद यही नियति थी जिसने मुझे आपसे परिचय कराया, क्योंकि मूक-अमूक रूप से मैंने आपसे कोई न कोई प्रेरणा या सीख अवश्य ली होगी।

आप मेरे जीवन में जिस भी रूप में आए, चाहे सगे संबंधी, भाई-बहन, मित्र, सखा, वरिष्ठ, या शिक्षक, मैं उस संबंध का सम्मान करती हूँ। मेरे जीवन में आने, मुझे सिखाने, मार्गदर्शन देने और प्रेरणा बनने के लिए

आपका धन्यवाद। कृतज्ञता से आज मेरा हृदय और नयन भरे हुए हैं!

आप बने रहिए ताकि मेरे जीवन में आशा और सृजन की ऊर्जा कभी समाप्त न हो।

— सुनन्दा

१ . मूलाधार - मूल

रण में आचरण उबारे,
जब यम सा हो संयम
रीति से चरित्र गठन,
और क्षमा से ही सक्षम।
भय से निर्भीकता उजागर,
उत्पन्न क्रिया से कर्म
जैविक वन से जीवन का,
जानो यह विस्तार विषम।

नन्दि सम धैर्य का,
हे नन्दिनी तुम प्रतिरूप!
धारणा का वह वेष त्यागो,
करते जो मलीन कुरूप।
बाधित लय का विलय कर,
मेरुदण्ड कर लो बद्ध
तय से हो यूँ तैयार कि,
मन दृष्टि रहे आबद्ध।

****
****

स्थिरता, धैर्य और आधार से मन और कर्म का संयम स्थापित होता है, भूमि तत्व की शक्ति से भय दूर कर निर्भीकता और स्थायित्व प्राप्त होता है।

२. मूलाधार - तुम

तुम हो, तो रोध है|
तुम हो, तो प्रतिशोध है|
तुम हो, तो राग है|
तुम ही से, विराग भी है|
तुम हो, तो संघर्ष है|
तुम हो, तो संदर्भ भी है|
अनंत आकार अवचेतन
चिंतन में,
औचित्य कहाँ क्या ढूँढे, झूम?
जीवन, तुम!
हो हरित कल्प-द्रुम,
माटी जड़ स्कन्ध स्थिरता में,मन लीन, कृतज्ञ विद्रुम|
सिंचित अथक श्रम नहरों से,
सुशोभित सह फल कुसुम|
क्यों करो वृथा चिंता,
रहो उदास गुमसुम?
देखो! चहुं ओर,
कर नयन विस्तार,
जीव आप ही जीवन सार,
स्वयं में सुखी, स्वयं से तृप्त,
स्वयं विभोर,
स्वयं में परिपूर्ण|

****

मन और आत्मा का संपूर्ण परिपूर्ण अनुभव तभी जागृत होता है जब हम अपनी नींव में दृढ़ खड़े हों।

३. मूलाधार - अस्तित्व

कालिख भरी,
रात नदी के आर-पार,
मेरे ग्रह,
तुम्हें प्रकाश में उकेलते हैं।
तुम मेरे दहकते केंद्रों की
एक धूल हो,
आकाशगंगाओं की प्रतिध्वनि,
एक प्राचीन बीज।
दृष्टांत!
रजत चंद्रमा,
तुम्हारी नसों में धाराएँ प्रचलित करता है|
मंगल,
तुम्हारे आयामों में अग्नि फूँकता है।
बुध,
सीधे-वक्री चालों से,
तुम्हारे छंदों को उलझता हुआ भी,
राहें प्रसार करता है।
और शुक्र,
सप्तम शुभ के कृपा भाव मे,
काल और अंतरिक्ष की
गाँठें खोल देता है।
तुम फिर से श्वास लेते हो,
जैसे हर कोई लेता है,
मेरी शाश्वत धड़कन के साथ,

जैविक लयबद्धता,

तुम्हारा अस्तित्व!

****

****

***

जड़ और आधार से जीवन की स्थिर धारा प्रवाहित होती है,

भूमि तत्व से शक्ति, सुरक्षा और स्थायित्व स्थापित होता है।

४. स्वाधिष्ठान - प्रवाद

बल जिस पर सफल हो जाए,
वो कथित अबला हूँ मैं,
काम क्रोध मोह माया में सनी,
विचित्र विकट काया हूँ मैं,
वंश वृद्धि, कार्य सिद्धि, सदगति,
सब विकास भले मुझसे ही हो,
फिर भी अभागी, गोत्र विहीन,
बस दान पुण्य की भागी मैं ।
नन्दी का धैर्य, हिम का दृढ़,
और परिणत की हवा भी मैं,
होकर भी जो है अनाद,
वह दारुण प्रवाद हूँ मैं!

****
****
***

मैं वह प्रवाद हूँ जो सृजन, काम और विकास का आधार हूँ, भावनाओं और इच्छाओं में बंधी, फिर भी चित्रित होती हूँ दीन और दान पुण्य की भागी स्वरूप ।

५. स्वाधिष्ठान - प्रकृति और पुरुष

मैं अदम्य विनाशी,
तुम साधित उद्धारक वीर,
मैं उन्माद उत्तेज तरंग सी,
तुम गहन महासागर से स्थिर,
मैं निर्लिप्त निष्ठुर निर्दयी,
तुम अथाह करुणा के नीर,
मैं धारा विध्वंसक वेग सी,
तुम अचल हिमालय से गम्भीर,
मेरे प्रवाहित रज को विराम मिलता,
तुम्हारे ही रक्षित अणुबीज से,
सृष्टि दहन का द्योतक नहीं
सृजन है एकान्त आशय से,
मैं सुवर्ण अस्थिर विहंग,
तुम व्याकुल व्याध अभंग,
महामाया अन्नपूर्णा का हूँ प्रसंग,
पोषित करूँ रौद्र उद्धारक संग,
मैं भ्रम भ्रान्ति की प्रचण्ड धूप,
तुम निश्चित्ता का विश्वरूप,
नैसर्गिक असन्तुलन का कलुष
भंग करते,
मैं प्रकृति, तुम पुरुष!

****
****
***

प्रकृति उन्माद, अस्थिरता और रौद्र की शक्ति है; पुरुष स्थिर, सृजनशील और संरक्षणकारी ऊर्जा, जो उसकी लहरों में संतुलन और जीवन का मार्ग दिखाता है।

६. स्वाधिष्ठान - जलतत्व

ना
चाहूँ मैं हर रंग घुल जाऊँ,
हर हाथ छूकर कुछ और बन जाऊँ,
रूप बदलूँ, रचूँ भ्रम-धारा,
घट समाऊँ, ना घाट का बंधारा,
वाष्प बनकर विलीन हो जाऊँ,
बनकर बूँद, फिर लौट आऊँ।
हिम बने, पर्वत कहलाए,
लहू बन बहे, तो बलिदान,
निष्ठा हो, या मौन क्रंदन,
जल ही क्यों भाव का साधन?
वह भी तो एक पूर्ण तत्व है,
हर बार क्यों निम्न आंकन?
ना
मैं वह जो सब सह जाए,
वह जो समय-सम मौन बह जाए|
मैं प्रश्न हूँ, जो उद्यत हो,
जब प्रतीक स्वयं थक जाए।
जिसकी लहरों में देव उतरे,
जिसके आँचल में युग बह चले|
मैं वह जिसकी,
आदि में जीवन का उद्गम,
और अंत समाधि में विसर्जन।
****

****

***

मैं सृजन और भावों की अनंत धारा हूँ, जो इच्छाओं और ऊर्जा में प्रवाहित होती हूँ।
फिर भी हर बार मुझे ही क्यूँ दूसरे रूपों मे ढाल जाने को कहते हो?

७. मणिपुर - उत्तर

भ्रांति के सुलगते अंगार से,
भ्रम धूम्र सा उठता है,
चिर अतृप्त क्षुधा सरूप,
वह, इच्छाओं में ग्रास ढूंढता है|
प्रश्नों की भीड़ में,
उत्तर नहीं,
अर्थ का सूर्य निगलने को आतुर।
हम ढूंढते हैं दिशा,
जैसे उत्तर खोजते उत्तर में,
उद्देश्य, लक्ष्य, लक्ष्मी!
प्रत्येक खोज,
आगाम भूख को जन्म देती।
वह भूख जिसे हम दानव कहते हैं,
पर वह ही हमें चलाता है,
वह ही हमारी चेतना का पथदर्शक है।
वह, चिर अतृप्त असन्तुष्ट,
बहुआयामी, अपितु वस्तुनिष्ठ!
सूर्य की ओर दौड़ता,
अर्थ के भ्रम में, अर्थ से बड़ा,
राहू!
चंद्रमा का उत्तर|

****

राहू, चंद्रमा का उत्तरी छोर, हमारी निरंतर और अतृप्त भूख से हमें प्रेरित करता है|
जैसे मणिपुर की ऊर्जा कर्मों को आगे बढ़ने के लिए हमको धकेलती है, वैसा ही राहू हमें हमारी दिशा, हमारा उत्तर दिखाता है।

८. मणिपुर - निर्णय

परंतु का पड़ाव आने तक,
हर बात है अनर्गल प्रलाप।
निर्णय के दोराहे पर,
एक स्वीकृत निर्णय,
पूर्ण करता है जीवनकाल।
और, अग्रहण की स्थिति में,
अस्वीकृत निर्णय,
"परंतु" के यान पर,
हमे ले जाता है,
एक समानांतर ब्रह्मांड की ओर,
पार्थिव ज्ञान के पार|
नवीन सचेतन, अचेतन, अवचेतन से,
अनिर्णय भी लेता है श्वास,
उस हटात नवोदित समयरेखा में।
दूर कहीं धुर्री में बँधी होती है,
दोनों ब्रह्माण्डों की डोर,
जहाँ होता है, द्वैत का मिलाप|
निर्णय का बिन्दु!

****
****
***

हर परंतु मैं छुपा होता है एक मौन मार्ग,
जो एक समानांतर ब्रह्माण्ड में अधूरे निर्णय की यात्रा पूरी करता है |

९. मणिपुर - साहस

माना,
नयन युगल तुमने ही दिया,
दृष्टि मेरी विशुद्ध रहने दो।
स्वप्न तुम्हारे हैं अवश्य,
पूर्ण कौन कौन से होंगे,
कर्मों को निश्चित करने दो।
जीवन उद्देश्य सभी का है,
कारक संतति पर
न्योछावर ना करो।
सिंचन का भार तुमपर सही,
आभार खिलने का,
उनपर ही सौंप दो।
आकांक्षाओं के दलदल से,
टहनी खींच उबार दो|
उधर अपेक्षित धँस जाते हैं,
चोर बालू में निरीह,
इधर अनुसाशन का डंका,
बजाते बेलाय तुम, अनीह!
मुक्त करो स्वयं को,
व्यर्थ ऋण-करों के भंवर से।
है साहस,
तो नियंत्रण का सांकल त्याग,
दृढ़ विश्वास की लाठी थामो!
****

****

***

यदि साहस है, तो उसे दिखाओ और अपने संतान पर पूर्ण विश्वास रखो,
अनिश्चित अपेक्षाओं और नियंत्रण के जंजाल से उनको मुक्त करो।

१०. अनाहत - प्रवाह अखण्ड

क्षण का सुख,
मुहूर्त का आवेग
घड़ी का संयम,
पलों का संवेग
अवसर की प्राप्ति,
दिनों की समाप्ति
मास के ऋतु-क्रम,
वर्षों के अथक श्रम
दशक की प्रतीक्षा,
पीढ़ियों की तितिक्षा
शताब्दी की तपस्या,
सहस्राब्दी की व्याख्या।
नश्वर समय के सारे खण्ड; और
प्रवाह जो कल्प युगों में,
वो है साश्वत, विदीप्त
निरामय, प्रेम!

****
****
***

क्षण, पीढ़ियाँ और युग नश्वर हैं, परंतु उनका प्रवाह शाश्वत, निरामय और प्रेमपूर्ण है।

११. अनाहत - प्रवृत्ति

अभेद्य इस शादर्श का,
चिर कौमार्य
कभी भंग नहीं होता।
बिंध जाए शरीर
स्वाधिष्ठान में भले ही,
कौमार्य को विवेचना का सत्त्व
तब मिलता हैं,
जब आद्र होता है
हृदय चक्र|
प्रमाणित है,
आत्म वही विरजता है।
अन्यथा, नहीं कहते उसे
अदाह्य, निविड़,
आत्मिक प्रवृत्ति का,
अस्पृश्य, अनाहत!

****
****
***

शरीर का कौमार्य भले ही स्वाधिष्ठान मे भंग हो जाए, मन का कौमार्य हृदय के स्पर्श से खुलता है;
सच्चा आत्मिक कौमार्य अनाहत और अदाह्य ही रहता है।

१२. अनाहत - पहल

अनछुए भाव, अप्रकट सार,
भौतिकता से परे, अनछुआ संसार।
प्रेम के प्रथम पर्व में,
एक अज्ञात, झंझावात।
निजता विचलित,
विदिता मूर्छित,
ज्वार के उफान में।
इन दैनन्दिन अठखेलियों के बीच,
तुम्हारा प्रस्ताव,
एक अचानक,
अनायास छलकता निमंत्रण,
नयनों में चंचलता भरता,
मन को तीव्र हलचल से उत्तेजित करता।
ग्लानि की चादर में लिपटा,
इस आकस्मिकता में, कठिन प्रश्न पूछता,
क्यों हुए तुम इतने अनायास,
क्या था अभिप्राय?
इस क्षण का क्या करूँ,
जो मर्यादा की सीमा से मुझे ढकेल लाया है|
लोक लाज से आहत मेरा अंतर्मन,
तुम्हारे अभिप्राय में शंकाओं से जर्जर।
यही वह मुहूर्त है,
जिसमें मेरी धारा अब बंध जाएगी!
प्रस्ताव की स्वीकृति,

यदि बंधन ही कहलाती है,
तो फिर थाम लो,
मेरी संदेह की गठरी|
उन्हें अपने अभिरक्षा में ले लो।
आगे बढ़ने की ओर,
जिस पथ पर मैं खड़ी हूँ,
होने दो, बैरी अमंगल को|
पहल की घड़ी ने जो छेड़ी है,
उसे शरण देने दो, नहीं रुको,
क्योंकि अब, मुझे उस से परे जाना है...

****

****

***

प्रेम की पहली पहल में आशाओं के साथ एक सूक्ष्म असुरक्षा भी जन्म लेती है;
पर प्रेम का साहस उस शंका को त्यागकर हमें समर्पण और नए अनुभव की ओर बढ़ा देता है।

१३. विशुद्ध - अभिव्यक्ति

मैं अखंड,
सुरों में लिपटी,
विचित्रा अपरूप |
माया से जन्मी,
मोह प्रतिपालित ,
अपितु वात्सल्य अरूप!
शिव की शक्ति,
मैं अभिव्यक्ति,
खंडित असुरों में विद्रूप!
****

स्वयं की ध्वनि और सृजनशील अभिव्यक्ति से भीतर की शक्ति प्रकट होती है,
सत्य और स्पष्टता के माध्यम से माया और भ्रम का विलोचन होता है।

१४. विशुद्ध - स्पष्ट

विशालकाय विस्तार में
सारे के सारे निराले,
घूम रहे ।
बहुधा , अपनी धुर्री पर,
कुछ स्वक्षेत्र में,
और कुछ, भटकते हुए ।
रचनाकार अपनी तुली थामे
मुस्काए, करे आकलन आत्मसार,
सांख्यिकी के जटिलतम सूत्र,
जैसे सुर सप्तक में कोमल गांधार |
चित्रों में हर एक चित्र भिन्न,
भिन्नताओं के सभी भूप।
स्वभाव, क्षुदा, रंग रूप,
संग्राम, खनिज, तत्व, या धूप।
मत के भी किए प्रकार,
भेद होवे से ही हो साकार ।
एक मत से पथ प्रशस्त
तो, दूजे से परिवर्तन,
एक से सीध प्रत्यक्ष हो,
और दूजे में आवर्तन ।
विरोध का साँचा लिए,
क्या पता असाध्यों में
कोई साध्य मुक्ति चाहता हो ।
तुम्ही को स्वामी मान,

एक कर्म-काण्ड अनावरण हो।
सृष्टि में धाराएँ है,
भेद हैं अंतरालों में,
वह भिन्न हैं या दुविधा,
सुलझाओ सवालों में ।
आगामी समय में मिले अन्तराय,
गले लगाओ, पूछो अभिप्राय ।
मिलने का कारण रोध,
तुम्हें अवश्य बताएगा ।
आगे के शोध का आमोद,
अनुभव देकर जाएगा ।
अब भेदों को मतभेद बनाओ,
या बनाओ सम्भावनाओं का उद्गम,
रचनाकार ने श्रेय ये सौंपा,
केवल तुम्हें ही, हे उत्तम!
****
****
***

सृष्टि के विशाल विस्तार में विविधता और मतभेद ही सृजन और परिवर्तन का आधार हैं;
उन्हें संघर्ष नहीं, संभावना समझो| क्योंकि हर भिन्नता में नई मुक्ति और शोध का बीज छिपा है।

१५. विशुद्ध - ईहा

चाह कर भी कर मेरे वन्दना में जुड़ते नहीं,
हे धनुर्धर श्रेष्ठ!
चाह कर भी शीश ये विनय में झुकता नहीं,
हे दशरथ ज्येष्ठ!
चाह कर भी नयनों में वत्सल अश्रु सजते नहीं,
हे कमलनयन!
चाह कर भी अगोचर होता नहीं,
वैदेही का करुण अग्निशयन!
मर्यादा तो मर्यादा है,
जन्मदाता हो या हो अर्धांगिणी।
पितृ मान चौदह वर्ष रखे,
निर्जन में त्यागी गर्भिणी संगिनी।
शर्बरी स्नेही, अहल्या मोक्षि,
लंकाविजयी चक्रवर्तीन को,
कैसे प्रभावित करे निम्न समीक्षा,
जर्जर आहत थे तुम,
पर सीता की हुई अग्निपरीक्षा!
निकृष्ट मेरी इस बुद्धि विवेक का उद्धार करो,
हे पुरुषोत्तम!
राम नाम को हृदय लगाऊँ,
पधारो देस, हे रघुकुल उत्तम!
****
****
***

श्रद्धा के बीच भी राम के निर्णयों—विशेषतः सीता की अग्निपरीक्षा—
को लेकर दुविधा और पीड़ा व्यक्त है;
मर्यादा पुरुषोत्तम से प्रार्थना है कि इस बुद्धि का संशय दूर कर उसे
सच्ची भक्ति और समझ प्रदान करें।

१६. आज्ञा - स्मरण

इंद्रजाल के अनूठे कौशल,
क्षणिक हैं, अतः विस्मयकारी।
साधने में वर्षों की तपस्या,
सम्मोहन शक्ति पारलौकिक,
एक बिंदु में करे विकल।
जीवन गति, प्रक्रिया जाल,
संगठित होता एक नन्हे ध्यान में।
क्षण ठहरता, श्वास सिमटती,
समूचा ब्रह्मांड घुलता मनस में।
ना समय का ज्ञान, ना विधि-विधान।
एक तितली जैसा स्पर्श भर,
और हो जाता सृजन महान।
साधना, तैयारी, और प्रतीक्षा,
भूमि है उस बीज की,
भूमिष्ट होता जहाँ चमत्कार।
लघु चेतना की बींध से,
अवधि में होता अनुरणन!
घनत्व स्याही से मायाजाल उकेरता
एक इकाई का स्मरण|

****
****
***

वर्षों की साधना और तप से उपजा ध्यान, क्षण भर में चमत्कारिक सृजन का रूप ले लेता है;

जब चेतना एक बिंदु पर ठहरती है, तब समूचा ब्रह्मांड उसी में अनुरणित हो उठता है।

१७. आज्ञा - अंतराल

अंतराल की आवश्यकता,
मनुष्य के साथ-साथ,
चौरासी लाख प्रजातियों को ही नहीं,
समय को भी रहती है,
विश्राम, विराम , ठहराव,
और, कभी-कभी रुक जाना,
हर एक इकाई के लिए अनिवार्य है।
तो, जहाँ,
जिसका का होना ज़रूरी नहीं होता,
वहाँ समय,
अपने इकाई गिरवी रख देता है|
वह ठहर जाता है,
योगमाया के सहयोग से,
निद्रा के सौम्य,
ममतामयी आँचल में|

****

जैसे हर जीव को विश्राम की आवश्यकता है, वैसे ही समय भी विराम चाहता है;
जहाँ उपस्थिति आवश्यक नहीं होती, वहाँ वह योगमाया की गोद में ठहरकर स्वयं को स्थगित कर देता है।

१८. आज्ञा - युद्धविराम

निःशस्त्र इस एकाकी पर
तुमने, जो वार सदा से किए हैं,
घाव ना भरते,
नित नए घाव भर दिये हैं,
उन दीयों में अब,
नई बाती जलाओ,
सहेज अँजुरी से अपने,
बुझते मन की,
नन्हीं ज्योत बचाओ|
परम स्वार्थ के रण,
तुमने, आख़िर लड़ ही लिए,
हार जीत के फलाफल को,
परस्पर क्रमशः बांट लिए।
उस असहाय एकल को,
अब तो अपनी गोद में लो,
निर्बोध निर्दोष निज मन की,
पुकार, भूले से एक बार सुन लो|
उसके विरुद्ध जाकर
तुमने, औरों को गले लगाया है,
उस को शीत में त्याग,
परायों में उष्ण जगाया है।
आज के इस शुभ मुहूर्त में,
मन को निविद नतमस्तक हो,
चिर ऋणी इस स्थूलकाय में,

मगज अतिक्रमण ह्रास हो।
मन के भेद, मन के खेद,
मन के द्वेष, मन का संदेश,
मन के द्वंद्व, मन को दंड,
केवल मन के निर्णय हों|
मन में शांति, मन से प्रेम,
मन से न कुछ अलीक हो,
विद्यमान हो निर्बाध विश्वास,
मन में परमार्थ निर्भीक हो।
****
****
***

आइए हम, अपने उपेक्षित और आहत मन को फिर से अपनाएँ, उसकी बुझती ज्योति को सहेजें; स्वार्थ और द्वेष त्यागकर आत्म-स्वीकार, शांति और परमार्थपूर्ण प्रेम से मन को आलोकित करें।

१९. सहस्रार - प्रबोध

भ्रम से ब्रह्म उबारे,
शंका शंकर ही हरे,
विषम विषाणु उन्मूलन को,
विष्णु सुदर्शन धारे।
प्रबोधिनी प्रकाश में,
हिंडोले खीर सागर खाये;
निद्रा से नयन यूँ जगे,
स्पन्दन में मन,
"मैं तू ही" ना हो जाए...
****
****
***

भ्रम मिटे तो ब्रह्म प्रकट हो, और 'मैं-तू' का भेद खुल जाए।

२०. सहस्रार - आत्मबोध

भ्रमण कर जगत का,
कर स्वाध्याय दर्शन उल्लेख,
अट्टालिकाएँ, नदी, नभ, सागर,
जगमगाए फिर फिर अनेक!
थके विचलित जब ठिठके,
धूल सने ये ख़ाली पैर,
घाट घाट से तरंग वेग आये,
पूछने कुशल क्षेम नेक।
हवाओं ने झकझोर द
पूछा, "पूरी हुई यात्रा,
या अब भी कुछ है बाक़ी?"
विलुप्त सरस्वती चेतना में उतरी,
और गंगा नयनों में,
यमुना नीरव निहारती रहीं,
उस भाव के संगम में ।
पुकारती सहलाती तब
पहुँची विकल घाट असि,
मत रो! मत रो!
यात्रा तो अब शुरू हुई है,
है यही, तेरी घर वापसी!
****
****
***

संसार की यात्रा और दर्शन के बाद भी असली घर वापसी तभी है जब

चेतना और अनुभूति का संगम होकर आत्मा की यात्रा वास्तव में शुरू होती है।

२१. सहस्रार - विलय

सूर्य पुंज बन उतरे धरा पर,
नेत्र माँ के ज्योतिपूर।
उच्चरण में ओज लहराए,
बिन बोले ही करुणा अपूर।
माया के विलक्षण दैत्य सम,
सम्मोहन कुशल बाल अवतार,
त्रिशंकु एक कुंचित कुंभ में
ह्रस्व उ से जन्मे शुम्भ !
बढ़ते जाते, दृष्टि तीक्ष्ण,
जग के प्रश्न कठोर।
ज्योति क्षीण, संशय गहरे,
बनता मन निर्जन कक्ष कोर।
गूढ़ गुफा सी चेतना,
सूने पथ पर घूम।
प्रकाश अब बनता भ्रम बिंब,
छिपता आत्मा का सूम।
तभी जगजननी चण्डिका,
लेती संशोधन हस्तक्षेप।
संतुलित होता शुम्भ पुनः,
धर्ममार्ग पर प्रलिप्त प्रक्षेप।
जैसे-जैसे ऊपर चढ़ते,
त्याग स्वार्थिक मोह।
माया से भी दूर होकर,
भीतर मिलता सत्य-सोह।

हिमवत शीतल मौन में,
शिव सुंदर का रूप उजास।
ह्रस्व उ का शुम्भ विलीन हो,
दीर्घ ऊ से शम्भू विन्यास!

****

****

***

महाविद्या का मार्गदर्शन भ्रम और माया को दूर कर सत्य की ओर ले जाता है;
स्वार्थ और मोह से ऊपर उठकर भीतर का शुंभ (ह्रस्व), शंभू (दीर्घ) में विलय हो जाता है |

www.ingramcontent.com/pod-product-compliance
Lightning Source LLC
Chambersburg PA
CBHW070651240926
51846CB00003BA/864
9789375271451